ROMANCES ET MÉLODIES

INÉDITES

par

J. ERNEST BUREU

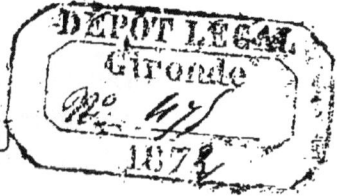

LA MUSIQUE SE TROUVE

CHEZ

M. Fernand COLONNE

ÉDITEUR

— 59, rue Porte-Dijeaux, 59 —

(Toute reproduction est interdite.)

BORDEAUX

IMPRIMERIE. — EUGÈNE BISSEI ET FILS, RUE VERTEUIL, 1.

1872

AIMEZ !

Mélodie.

Oh ! bientôt, chère amie,
L'amour va nous unir
Et pour toute la vie
Un Dieu va nous bénir.
A mon âme attendrie
Est l'espoir des beaux jours.

Aimez, aimez, Lucie,
Aimez, aimez toujours,
Aimez, aimez, Lucie,
Aimez toujours !

Ah !, si je deviens père,
Ce fruit de notre amour,
Nous rendra, je l'espère,
Bien plus heureux un jour ;
Car ce bien que j'envie
Aimera nos vieux jours.   Aimez, etc..

Et quand sonnera l'heure
De descendre au trépas,
Qu'une même demeure
Me jette dans vos bras !..
Mais, durant cette vie,
Gardez-moi vos amours !   Aimez, etc..

DAIGNEZ VENIR!..

Romance.

Sur ma fenêtre une hirondelle
Vint ce matin se reposer,
M'apportant de Berthe ma belle
Un mot d'amour et un baiser.
Bientôt, bientôt ta douce amie,
M'a-t-elle dit, va revenir ;
Ah ! cet espoir me rend la vie...
Berthe !, Berthe !, daignez venir !..

Berthe m'a dit : « ô messagère,
» Demain matin, au point du jour,
» Va-t-en chez moi, dire à ma mère
» Que pour Gaston j'ai de l'amour ;
» Dis-lui qu'il est mon espérance,
» Et que j'ai foi dans l'avenir... »
Moi je réponds : de la constance !..
Berthe !, Berthe !, daignez venir !..

Je l'écoutais, cette hirondelle,
Ce méssager cher à mon cœur,
Quand s'enfuyant à tire d'aile,
Elle me dit : espoir !.. bonheur !..
Le cœur ému, l'âme de glace,
Ne la voyant pas revenir,
Je lui criai malgré l'espace :
Dis à Berthe : daignez venir !..

JE N'AIMERAI QUE TOI

Romance.

Tu me défends de l'aimer, Caroline,
Quand de ton cœur j'ai reçu les aveux;
Tu t'en repends, hélas! je le devine,
Tu me croyais avec toi trop heureux!
Ah! pourquoi donc me retirer ta flamme,
C'est me tuer, Caroline, crois-moi,
Ton dur refus vient poignarder mon âme;
Je t'avais dit : « je n'aimerai que toi!,, »

Oui, pour l'aimer, j'aurais donné ma vie,
Mon seul espoir était d'avoir ton cœur;
Je t'aurais fait ma plus sincère amie,
J'aurais coulé d'heureux jours de bonheur!. .
Mais, c'est bientôt que tu viens, ô cruelle,
Me retirer ton amour et ta foi;
J'aurais été jusqu'à la mort fidèle,
Je t'avais dit : «je n'aimerai que toi!..»

Je t'en conjure!, oh! rends-moi l'espérance!
Rends-moi ton cœur, rends-le-moi pour toujours
Et prends pitié de mon âme en souffrance,
Qui croit encore à de tendres amours!..
Inspire-toi de cette douce ivresse
Qui vient remplir mon cœur d'un doux émoi;
Et viens bientôt d'une douce caresse
Dire à ton tour : «je n'aimerai que toi!..»

CHAIR A CANON

Romance.

Ernest! enfant, écoute ma prière,
C'est le désir d'un parrain, d'un ami :
Reste petit dans les bras de ton père ;
Ne grandis pas, ô mon filleul chéri !
Oui, reste enfant... ignore cette vie,
Dès les vingt ans, quand on est grand garçon,
On vient te dire : il faut pour la patrie
Que tu ne sois qu'une chair à canon !..

Reste petit, ignore la souffrance
Qui dans ton cœur peut se placer un jour ;
Ah ! ne vis pas pour croire à l'espérance.
Va, reste enfant, ne connais pas l'amour !..
Dans les baisers que ton père et ta mère
Viennent souvent déposer sur ton front,
Ne vois-tu pas l'amour le plus sincère ?..
Ne deviens pas une chair à canon !..

Suis les conseils qu'aujourd'hui je te donne :
Ne sois jamais qu'un tout petit enfant ;
Obéis-lui lorsque ta mère ordonne,
Sâche l'aimer d'un amour bien constant.
Oui, sois petit quand vient l'heure guerrière,
Ne sois qu'enfant à l'appel du clairon ;
Il est assez de morts au cimetière,
Pour que tu sois une chair à canon !..

JE VEUX VOUS RENDRE HEUREUX!..

Romance,

A vous aimer, je consacre ma vie,
A vous chérir je mets tout mon bonheur;
Pour tant d'amour dont mon âme est ravie,
Oserez-vous refuser votre cœur?..
Non, je le sais, vous êtes bonne et tendre,
Vous répondrez par de bien doux aveux;
Antonia, laissez-moi vous entendre
Me dire : Arthur, que nous serons heureux!..

Déjà je sens une secrète flamme
Dont le doux feu vient me parler d'amour;
Un sentiment vient embraser mon âme
Ah! puissé-je vous posséder un jour!
Oh! n'allez pas trahir mon espérance,
Votre refus me rendrait malheureux;
A cet amour j'aurai de la constance,
Mais dites-moi : je veux vous rendre heureux!..

Quoi! vous portez une main fort timide
Sur votre cœur... et vous fixez les cieux;
Votre paupière est d'une larme humide,
Pourquoi trembler et détourner les yeux?..
Parlez, parlez, Antonia, ma chère,
Partagez-vous mes plus tendres aveux?
Répondez-moi, surtout soyez sincère,
Et dites-moi : je veux vous rendre heureux!..

LE BAISER D'AUGUSTA

Rêverie.

Un rêve d'or hélas !, chimère !
Avait voilé mes pauvres yeux,
Je la voyais avec sa mère,
Invoquant le Puissant des cieux.
Elle disait : l'Être suprême
Me l'a montré... je dois l'aimer...
Ernest, c'est vous que mon cœur aime !..
Puis, nous échangions un baiser.

Son cœur battait, et sa prunelle
Lançait un regard langoureux,
Son chaste front la rendait belle ;
Oh ! que j'en étais amoureux !
Je caressais avec tendresse
Ses noirs cheveux. Pour m'apaiser,
Nous échangions avec ivresse
Un doux sourire et un baiser.

Je m'étais levé sur ma couche
Pour lui dire tout mon bonheur,
Bientôt se referma sa bouche,
Et je ne sentis plus son cœur.
Trop vainement je me soulève,
Tendant les bras pour l'embrasser...
Hélas !, je n'avais fait qu'un rêve :
Pas d'Augusta !. pas de baiser !..

L'AMOUR D'UN PARJURE

Romance.

Séchez vos pleurs, ange plutôt que femme,
Mes noirs desseins déjà sont disparus :
J'ai dans le cœur une secrète flamme
Séchez vos pleurs, Louise, ne pleurez plus.
Quand j'ai perdu la seule créature
Qui me voua tout son attachement,
De n'aimer plus...oh! je suis un parjure,
J'avais juré...je trahis mon serment.

Aux yeux du Dieu qui me voit et me guette,
J'aurai d'un lâche accompli le forfait!
Non! je reviens, honteux, baissant la tête,
Tout frémissant d'un ignoble méfait.
Je veux aimer, Louise, je vous le jure,
Car j'ai besoin de votre attachement;
Pardonnez-moi si je suis un parjure,
Pour votre amour, je trahis mon serment!..

Oui, désormais, à vous mon cœur se livre,
D'un tendre amour vous verrez les efforts;
Je veux aimer... oui, Louise, je veux vivre,
Pour les vivants et non pas pour les morts.
Un autre amour éclot de la nature,
Mais cet amour veut votre attachement;
Pardonnez-moi si je suis un parjure,
Pour votre amour, je trahis mon serment!..

AIMER ENCORE UN JOUR

Romance.

J'avais juré qu'aucune autre en ce monde
Ne pourrait plus faire battre mon cœur,
Quand, pénétré d'une peine profonde
Je sens en moi le retour du bonheur.
Un doux espoir qui vibre dans mon âme,
Vient m'inspirer un sentiment d'amour ;
Dieu Tout-Puissant, apaise cette flamme,
Empêche- moi d'aimer encore un jo

De mon serment, je trahis la promesse :
Une beauté vient fasciner mes yeux ;
En lui parlant, mon cœur bat et s'oppresse,
De triste, alors, je deviens tout joyeux.
Bien malgré moi, la plus douce espérance,
Veut à mes maux avoir place à son tour ;
Naissant l'amour, naît aussi la souffrance,
Me faut-il donc aimer encore un jour?..

Pour résister à l'ardeur qui m'agite,
Pour protéger le serment de ma foi,
Je ne le puis,... déjà mon cœur palpite ;
Épris d'amour, j'obéis à sa loi.
Oui, c'en est fait, je deviens un parjure,
Mes vains efforts sont vaincus par l'amour ;
Pardonne-moi, mon Dieu, je t'en conjure,
Et permets-moi d'aimer encore un jour !..

MA PAQUERETTE.

Romance.

Toi, simple fleur des champs, gentille paquerette,
Que je cueille avec joie, tant j'aime ta candeur,
Redis-moi tendrement la promesse secrète
Que Marie fit pour moi du profond de son cœur.
En t'éffeuillant, ma fleur, mon âme palpitante
Tressaille d'un effroi qu'on ne peut exprimer ;
Et mon cœur en tremblant, dit d'une voix mourante
Le doux nom de Marie, l'anagramme d'aimer.

Quand un pied inhumain, dans sa marche brutale,
Vient se poser sur toi, tu ne fais que fléchir ;
D'un air encore gai, redressant ta pétale,
Tu vas te balançant au soufle du zéphyr.
Plus belle que jamais, argentant la prairie,
Tu sembles te montrer comme reine des fleurs ;
Douce fleur du printemps, immage de Marie,
Oh! que j'aime admirer tes riantes couleurs !

Quand vient l'aube du jour, j'aime à te voir cachée,
Comme pour échapper aux fraîcheurs de la nuit ;
Mais j'aime mieux te voir sitôt que la rosée
Aux rayons du soleil dans la terre s'enfuit.
On te vit bien souvent à l'habit du poëte
Qui te chanta si bien dans ses chansons d'amours ;
Moi je voudrais te voir fleurir, ma paquerette,
Pour pouvoir te cueillir et t'éffeuiller toujours.

MES FLEURS

Romance.

Combien j'aime à vous voir, mes tendres fleurs mi-closes
Sourire le matin aux beaux jours du printemps!,,
Emblèmes de mon cœur, ô vous boutons de roses,
Rappelez-moi toujours mes jeunes et doux ans.

Paraissez, ô mes fleurs, ô vous mes toutes belles,
Répandez dans les airs vos parfums savoureux,
Seules, soyez toujours mes amantes fidèles,
Mon cœur sans votre amour, ne peut être amoureux.

L'aurore qui toujours sourit à la nature,
Vient noyer vos chagrins dans la manne des cieux;
Abreuvez-vous mes fleurs, dans cette coupe pure,
Buvez de ce nectar que vous servent les dieux.

Paraissez, ô mes fleurs, ô vous mes toutes belles,·
Répandez dans les airs vos parfums savoureux;
Seules, soyez toujous mes amantes fidèles,
Mon cœur sans votre amour ne peut être amoureux.

Aux rayons du soleil, souriez, ô mes belles.
Comme du papillon, vous êtes mes amours;
Ne flétrissez jamais, soyez toujours nouvelles,
Fleurissez, ô mes fleurs, fleurissez tous les jours.

Paraissez, ô mes fleurs, ô vous mes toutes bel'es,
Répandez dans les airs vos parfums savoureux;
Seules, soyez toujours mes amantes fiidè'es,
Mon cœur sans votre amour ne saurait être heureu⋈.

JE NE VOUS AIME PAS!..

Romance.

Le plus doux sentiment rendait folle mon âme,
J'aurais voulu pour vous, posséder un trésor
Et je croyais déjà que vous étiez ma femme;
Hélas! votre refus trouble mes rêves d'or!
Ne vivre que pour vous, car je vous trouvais belle,
Ne vous quitter jamais qu'à l'heure du trépas,
Était mon seul espoir; mais sans pitié, cruelle,
Vous m'avez dit : Hector, je ne vous aime pas!..

Pourquoi ce châtiment que votre cœur m'inflige?
Pourquoi ce dur refus? Que vous ai-je donc fait?
Pourquoi votre refus qui chaque jour m'afflige?
Pourquoi ne pas m'aimer... et trahir mon souhait?..
Vous le saviez pourtant, mon âme était éprise;
A toute heure, en tout lieu, j'aurais suivi vos pas,
Mais vous dites, Lucia, comme qui me méprise :
Non, non, allez, Hector, je ne vous aime pas!..

Vous aviez de mon cœur l'aveu le plus sincère;
Que vous fallait-il donc pour mieux vous l'exprimer?
Je me suis prononcé... mais vous fûtes sévère;
Aucun de mes discours n'a pû vous ranimer.
C'est fini, Lucia!.. C'est fini pour la vie!
Si je meurs, c'est d'amour.—Ah! ne l'oubliez pas;
Souvenez-vous toujours qu'Hector vous a chérie
Et que vous lui avez dit : je ne vous aime pas!..

QUE NOUS SERONS HEUREUX!..

Romance.

Un sentiment à mon âme en délire
Vient inspirer l'espoir et le bonheur ;
Ce sentiment que je n'ose vous dire
Parle d'amour et fait battre mon cœur.
Je sens déjà qu'une secrète flamme
Vient consumer mes jours par ses doux feux ;
Votre regard, ce miroir de votre âme,
Me dit : Fernand, que nous serons heureux !..

Mais, pénétré d'une céleste ivresse,
Hélas ! bientôt, un fatal souvenir
Me dit tout bas : Si la chance traîtresse
Vient par le sort briser ton avenir,
Que feras-tu ? — Anaïs, que j'adore,
Je partirai !.. en soldat valeureux,
Je reviendrai... pour vous redire encore
Mon tendre amour ; que nous serons heureux !..

De vos beaux yeux une larme s'échappe !..
Chère Anaïs, ah ! pourquoi pleurez-vous ?
Craignez-vous donc qu'une balle me frappe,
Quand le dieu Mars nous dit : «attendez-vous !..»
Ne versez plus de ces amères larmes,
Car le bonheur comblera tous mes vœux,
Je le sens là... pour moi seront vos charmes ;
Belle Anaïs, que nous serons heureux !..

AMOUR, MORT, ESPOIR

Romance.

Plein de naïveté, je rentrais dans la vie,
Quand un doux sentiment fit palpiter mon cœur ;
Combien je fus heureux quand l'avœu de Marie
Me laissa voir au loin l'espoir et le bonheur.
Nous nous aimions tous deux d'une divine flamme,
Dans la coupe d'amour notre soif s'étancha.
Tout semblait exhaler le parfum de son âme ;
En comblant ce bonheur, *l'amour nous attacha.*

Nous goûtions tous les deux le bonheur éphémère
Et le Puissant des Cieux gardait notre union,
Quand une entrave, hélas ! vint me crier : « chimère !.. »
Tout l'espoir de mon cœur, n'était qu'illusion !
A Marie je disais mon amoureuse ivresse,
Du plus heureux hymen notre sort se para,
Mais bientôt pour troubler mon espoir, ma tendresse,
Parle la voix de Dieu : *la mort nous sépara !*

Je ne vis plus depuis et mon âme en silence
Déplore chaque jour un si funeste sort !..
Pourquoi, Dieu de bonté, qu'on dit Dieu de clémence,
Nous as-tu séparés par la fatale mort !
Marie, du haut des cieux, apaise ma souffrance,
Daigne prier pour moi, mon cœur te bénira,
Car en te survivant, j'ai la douce espérance
Qu'au séjour des élus *Dieu nous réunira !..*

DOIT-ELLE VENIR?..

Mélodie.

O brise à la douce haleine,
Dis-moi, viens-tu d'Izaourt?
N'es-tu pas Pyrénéenne,
Redis-moi tout ton parcours ;
A mon âme rends la vie,
Ne me laisse plus gémir,...
Oh ! parle-moi de Marie,
Brise, doit-elle venir?..
   Doit-elle venir?

Toi qui viens de la Barousse,
Brise qui viens me charmer,
M'apportes-tu sa voix douce
Jurant de toujours m'aimer?
M'apportes-tu, je t'en prie,
D'Izaourt un souvenir ;
Oh ! parle-moi de Marie,
Brise, doit-elle venir?..
   Doit-elle venir?

A mes accents, ô cruelle,
Pourquoi rester sourde, hélas !
Ne m'est-elle plus fidèle,
Pourquoi ne réponds-tu pas?
Brise, tu m'ôtes la vie,
Réponds !, ou je vais mourir,
Oh ! parle-moi de Marie,
Brise, doit-elle venir?..
   Doit-elle venir?

UN AMOUR ÉPERDU

Romance.

Jusqu'à ce jour tout rempli d'espérances,
Je ressentais un beaume à mes douleurs;
Mais aujourd'hui redoublent mes souffrances
Car je n'ai plus pour espoir que des pleurs.
J'avais reçu l'avœu doux et sincère
D'une beauté que j'aurais sû chérir;
Ah! pourquoi donc m'est-elle encore chère,
Quand sans espoir, hélas! je dois mourir!

Pour son amour, j'aurais donné le monde;
J'étais heureux de posséder son cœur;
Mon amitié de plus en plus profonde,
Me faisait croire au plus tendre bonheur.
Fatal destin, qui planes sur ma tête,
Dois-tu toujours briser mon avenir?
Oh! réponds-moi!..— ta voix reste muette;
C'en est donc fait... d'amour je dois mourir!..

Ah! je le sens, il n'est plus à mon âme
Qu'un seul espoir: « me prouver son amour!.. »
Mais, je frémis d'avouer cette flamme,
Cependant Dieu nous unirait un jour.
Non, j'aime trop cette beauté chérie
Dont le refus viendrait m'anéantir;
Non, j'aime mieux souffrir toute ma vie
Et lui dire : pour toi je veux mourir!..